¿QUÉ PASÓ CON "EL CONEJITO PREGUNTÓN"?

BY.

M. ROSARIO ACUNA-HILTON

QUÉ PASÓ CON "EL CONEJITO PREGUNTÓN"? WHAT HAPPENED WITH INQUISITIVE RABBIT?

Designed by M. Rosario Acuña-Hilton

Book and Cover designed © by M. Rosario Acuña-Hilton

Edited by Jerry M Hilton

Published by M. Rosario Acuña-Hilton

Printed by Create Space

ISBN-13: 978-0578198828

ISBN-10: 0578198827

Introducción
Introduction

Este cuento para niños ha sido una inspiración de Dios para enseñarle a los niños, que cada uno de los animales tienen sus respectivos nombres, porque Dios del cielo escogió a un hombre llamado Adam para que le diera nombre a todas las especies que Dios creo.

This children's book, has been inspired by God to teach children, that each animal has their own respective names, because God in Heaven chose to create a man named Adam to name all animals of different species with their proper name.

Acknowledgment

This inspirational book is a meditation on God's creation, it reminds us that we should teach our children how we all came about in this world.

I am so grateful to my creator "The God of the Universe, that all that is in this book, all the glory belongs to God for giving me ideas in designing, creating this children's book to continue inspiring others to find their purpose in life as they understand that all the Honor and Glory belongs to God.
I recognize my savior, redeemer and my shelter in each word and picture of this book, and I thank God for victory.

Moreover, thank you Father God in Jesus name, for giving me my own grandchildren that sometime in the future, they will be reading all my books. Thank you, Lord of Lords and King of Kings.!

La Creación
The Creation

Tal vez fue durante la primavera, Cuando...
May be, it was during Spring at the time, ...
When...

Spring

Primavera

Después de la Creación

Había desde entonces muchos animalitos que Dios había creado, entre esos animalitos se encontraba cierto comedor de zanahoria, que se la pasaba siempre con hambre.

After the Creation

Since then, there was a great number of animals whom God had created, and among them was a certain "Rabbit" who was always very, very, hungry for carrots, he was very hungry and always searching for food.

Después de la Creación

Y desde que empezó a correr por el campo, noto que había muchos, pero muchos árboles con frutas y otros sin nada que el pudiera alcanzar para comer.

After the Creation

As he started running across the field, suddenly he stopped! And noticed many, many fruit trees, and others without fruit, that he could not reach and eat.

Después de la Creación

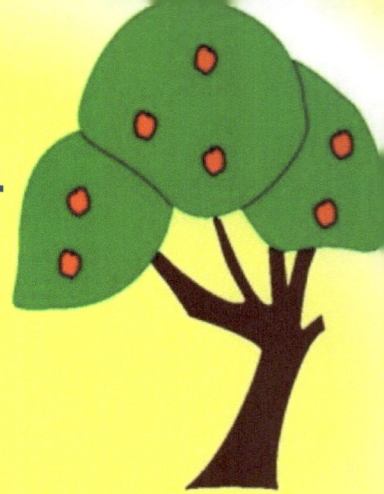

Este conejito, saltaba, y corría tan rápido que no se dio cuenta que otro conejito lo estaba siguiendo. De pronto se detuvieron al mismo tiempo porque... escucharon que alguien los llamaba y uno de ellos dijo:

After the Creation

This "Rabbit," was jumping, and running so fast, that he did not notice another rabbit running behind him, who was following...

Suddenly, they stopped because they heard someone calling their names and the inquisitive rabbit asked:

Después de la Creación

¿Quién nos puede estar llamando con nuestro propio Nombre?

Adam, la propia creación de Dios, y "El conejito preguntón," y los otros se encontraban felices con sus nombres.

After the Creation

Who has called us by our own names?

God's own special creation Adam, and "The inquisitive Rabbit," and the other one's was very happy about their names.

El Escondite

Este momento fue muy intenso porque encontró a otro conejito como El. El conejito preguntón, en ese momento empezó a preguntarle, ¿Cómo te llamas? – Ella dijo, Yo no sé.

The Hiding place

This was a breathless moment
because he has found another rabbit like him, but a girl rabbit –who was very pretty. At this time the inquisitive Rabbit started to question the other rabbit. What is Your name?
 – She answered, I do Not know...

El Escondite

De pronto, ellos empezaron a escuchar que alguien los llamaba; la persona que los llamaba era Adam y él estaba tan cerca de ellos, y les dijo:

The Hiding place

Suddenly, they began
To hear someone
calling them;
the person who
called them was
Adam who named
them and was very
close; and he said:

El escondite

No tengan miedo
porque yo solo quiero
ayudarlos con su
nombre.
Ambos estuvieron de
acuerdo y salieron de
su escondite.

The Hiding place

Do not be afraid, Adam said because I just want to help you with your names.
Both agreed, and got out of their hiding place.

El escondite

Adam les dijo:
¡Dios me ha escogido
y
me dio el poder de
escoger los nombres
para cada uno de los
animales!

The Hiding place

Adam told them.
¡God has chosen me
and given me the
power to name every
single animal!

El escondite

Por vez primera, yo me
encontraba afrente de
alguien tan diferente.
Nos esforzamos en salir,
y... el empezó a decirnos
cual era nuestro
propósito en el campo.

The Hiding place

For the first time, I was in front of someone different. We got out, and... he started telling us about our purpose in the field.

El escondite

-Yo, le hice una
pregunta.
¿Y quiénes somos?
- Él nos contesto
- Ustedes son
¡CONEJITOS!

The Hiding place

- I, asked him a question. Who are we? He answered!
– You are ¡RABBITS!

Enseñándoles

Esta persona empezó a enseñarnos, que Dios los había creado a ellos hembra y macho y les dijo: "crecer y multiplicar" y ahora les tocaba a ellos tener muchos conejitos.

Teaching Them

This man continued by telling us
that God had created them male
and Female and told them
"Be fruitful and multiply," it was
now their turn to have many Rabbits.

Enseñándoles

El hombre los dejó y les dijo: Obedezcan lo que Dios les ha encomendado. Los dos conejitos salieron saltando, y saltando felices porque ahora tenían un nombre.

Teaching them

The man left them and told them: Obey what God has commanded you.
And both rabbits left and were jumping and jumping,
very happy because now they knew they had a name.

Enseñándoles

El conejito preguntón
aún no estaba
contento todavía, -
Entonces le pregunto a
su linda compañera
  - ¿Qué te parece si yo
    te llamo Ceci?
  - ¿Y tú piensas un
    nombre para me?

Teaching them

- The inquisitive Rabbit was not Pleased yet,

- He asked his precious companion. What if I call you Ceci? And you think of a name for me. Okay?

Ceci? – dijo ella!
Ceci? y ella respondió
– Si! a mí me gusta ese nombre.
– Y cómo te voy a llamar a ti?
– Él le dijo... ¿Qué te parece si me llamas Cleo?
– Ceci le dijo: ¡Se oye bien!

– she said! Ceci? And she answered
- Yes! I like that name.
– and how should I call you? He said
what about Cleo?
- Ceci said: It sounds good!

¿Y Ahora Qué?...

Bueno Ceci, nuestro trabajo es obedecer a Dios.
Nos toca crear una familia, para eso fuimos creados.
Dios nos dejó dicho, creced y multiplicad. Eso
Quiere decir que vamos a tener conejitos.

Now What?...

Well Ceci, our job is to obey God, we are
Going to build our family, that's what
we were created for.
God has said, "be fruitful and multiply".
That means that we are going to have many rabbits.

Spring

Spring arrived, and Ceci and Cleo had four beautiful baby rabbits. They were so happy because they had obeyed God's commandment.

Obedeciendo

PRIMAVERA

Llego la primavera, Ceci y Cleo tuvieron cuatro conejitos muy lindos. Ellos estaban tan contentos porque habían obedecido a Dios.

VERANO

Cleo and Ceci's Family

Ellos fueron muy felices durante todo el verano porque pudieron disfrutar todas las zanahorias que habían nacido en ese verano.

Cleo and Ceci's Family

Summer

They were very happy that Summer, because they enjoyed all the carrots during that season.

Cleo's and Ceci's first Season

Fall

What are we going to do without carrots? They realized, they can eat almost anything the leaf's started dropping during the Fall.
They ate grass, wild flowers, twigs, bark and they survived. God took good care of them!

Cleo's y Ceci's primer otoño

Otoño

¿Que vamos hacer ahora sin zanahorias?

Ellos se dieron cuenta cuando les llego el tiempo, que podían comer casi de todo lo que veían mientras las hojas iban cayendo.

Comieron hierba, flores silvestres, ramitas de los árboles y también la de los pinos, y ellos sobrevivieron. ¡Dios cuidó de ellos!

Cleo and his family in Winter time

Winter

Only on sunny days, Cleo and his family got out. They thought it would be better when the sun came out.

They stored their food in their burrow during the winter. God helped them!

Cleo y su familia en el invierno

Invierno

Cleo y su familia pasaron debajo de la tierra, pensó que era mejor salir en los días soleados. Ellos pudieron guardar durante el invierno su comida en la madriguera o (escondrijo).

Así fue el primer Año de Cleo y su familia... "El Conejito preguntón"

¿Quizás, tú te estarás preguntándote, Que paso con ellos?
Cleo y Ceci, siguieron teniendo hijitos y se fueron multiplicando.
Cleo aprendió, que si él es un CONEJITO (Macho), y Ceci una CONEJITA (Hembra) les tocaba tener muchos CONEJITOS, y así lo hicieron. Ellos obedecieron a su creador y su nombre es ¡DIOS!

The first year of Cleo's Family ...
"The Inquisitive Rabbit"

Maybe, you are asking yourselves, what happened with them?

Cleo and Ceci, continued having children and multiplied.

Cleo learned, that if he was a male rabbit and Ceci a female rabbit they would have to obey and have many rabbits. And they, obeyed their creator and his name is ¡God!

www.ingramcontent.com/pod-product-compliance
Lightning Source LLC
Chambersburg PA
CBHW060814090426

42737CB00002B/65